DAS
ENDE
DES
DUALISMUS

Von Liebe, Leben, Leid und Schuld

Hans-Joachim Lenz

ISBN 978-3-8391-5551-6
1. Auflage Dezember 2009

Grafische Gestaltung:
H. J. Wiehr, Mainz

Printed in Germany
Druck und Vertrieb:
Books on Demand GmbH, Norderstedt

Inhalt

Prolog

Das Leben ist, obwohl unbekannt, auf eine biologische Minimalfunktion einer sonst toten Materie geschrumpft, reduziert auf eine zeitliche Spanne, ein manipulierbares, beobachtbares Phänomen. Leid und Schuld haben sich zu daseinsbedrohenden Mächten aufgebläht, die das Leben vergällen und frühzeitig beenden. Die Menschen haben das Nachdenken über dieses Phänomen den Gelehrten überlassen, die sich, eingesponnen in Lehrsysteme und durch erzielbare Wertgefühle verhärtet, krampfhaft bemühen, dem Dasein Sinn zu geben. Die Nichtgelehrten schwimmen im irdischen „Zeitgeist" jeglicher Art, kompensieren ihr Dasein der verordneten Sündenfälligkeit mit Hoffnung und Glauben, auf der Suche nach dem stillen Glück im Müll dieser Welt.

Um den Anfang der Welt zu finden, haben Wissenschaftler Grenzen übersprungen und sind in eine Welt der „substanzlosen Substanz", in die Welt der Quanten, vorgestoßen, Hier öffnet sich für den Forscher eine Welt, in der Naturgesetze nicht mehr gelten. Der Naturwissenschaftler wagt Schritte in die andere Welt des „Geistes", in eine Welt der Gedanken, der Informationen, der Unberechenbarkeiten, der substanzlosen Substanzen. Der Mensch beginnt mit einer unendlich größeren als der sichtbaren Welt zu kommunizieren. Gilt das auch für den „Geistes"wissenschaftler, für den Philosophen, den Theologen, für all jene, die versuchen, die reale Welt aus einem unbekannten „Geist" heraus zu erklären? Wird die Fähigkeit des Menschen wachsen, aus der Ebene der Spekulationen in jene der Gewissheit vorzustoßen? Wird der Mensch in der Lage sein, die Kluft zwischen Geist und Materie zu überbrücken? Wird eine zunehmende Denkfähigkeit die Einheit der Welt erschaffen? Der Mensch ist im Werden. Das Zeitalter der Eins-Werdung hat begonnen. Der Weg der Mensch-Werdung wird auch eine Befreiung von gegensätzlichen Einstellungen und feindlichen Weltsichten sein.

Die Trilogie der Vorträge steht unter dem Motto einer „Lehre von der Eins-Werdung" und fordert ein Ende dualistischer Weltsichten. Die drei Themen „Leben", „Leid" und „Schuld" sind eng miteinander verbunden und bedingen sich gegenseitig, denn „Leben" ist aus dem Anfang und nicht gelebtes „Leben" ist „Leid". Wer das „Leben" aus dem Anfang nicht lebt, wird leiden. Wer leidet, hat den Anfang verloren, das „Paradies". Und dem Leidenden bleibt die „Schuld" dem „Leben" gegenüber.

Die Welt der Gegensätze, durchtränkt von dualistischen Denksystemen, geht zu Ende. Die Schöpfung beginnt ihre letzte Phase, die Schaffung einer „neuen" Welt, der einen Welt, die wieder alle Gegensätze vereinen wird. Einem „Ondit" zufolge wird es die Erfüllung eines Traumes sein. Die Themen provozieren das Nachdenken über sich selbst und dann auch über all die anderen in ihren Verstrickungen in der Welt der Dualismen.

Es mag erlaubt sein, eigene Gedanken zu denken, auch wenn Andersdenken der Gotteslästerung oder einer sozialen Destruktion geziehen wird. Der Haken dieser Misere scheint das Denken zu sein. Nicht Gläubige, Wissende braucht die Menschheit.

Toleranz heißt,
etwas anderes gelten zu lassen,
und nicht etwas anderes gut
zu finden.

(unbekannt)

I. BUCH

Vom Leben

Mensch, erdenke deine
Vollkommenheit

JHL

A1 Die Einheit

Die Rückführung in die anfängliche Einheit wird die letzte Phase der Schöpfung und der Mensch-Werdung sein. Sie wird alle Bereiche des menschlichen Lebens erfassen und zu totalen Umwertungen führen. An einigen Aspekten soll dies erläutert werden. So werden sich übergeordnete Begriffe bilden, die Trennungen überwinden. Neue Wortschöpfungen werden Begriffspaare wie arm – reich, krank – gesund, schön – hässlich relativieren und überdecken. Bewertungen werden verflachen oder ganz entfallen. Mit der Erschließung höherer Erkenntnisebenen, die das Mentale, Rationale übersteigen, werden durchgängige Begriffsskalen entstehen, die differente Erscheinungen vereinen. Ein Beispiel mag die Frequenzskala sein, die Wellen unterschiedlichster Art in einem System zusammenfasst.

Die dualistische und starre Weltsicht mittels trennender Begriffe von Diesseits – Jenseits, Materie – Geist, Leben – Tod wird abgelöst werden von prozessualen Systemen der Wandlung und der Zustandsphasen. Dazu gehören auch dualistische Aufspaltungen wie Arbeit – Freizeit, Mühsal – Vergnügen und andere. Natur- und Geisteswissenschaften werden vor der Aufgabe stehen, einen übergeordneten Begriff für ihr Forschungsbemühen zu finden, der die Facetten menschlicher Denktätigkeit zusammenbindet.[1]

Die Erweiterung des Bewusstseins wird die Fähigkeit erhöhen, das Ganze in Zusammenhängen zu sehen. Der Mensch wird sich als Prozess des Werdens aus einem Anfang heraus erkennen und sich des Zieles der Gottesebenbildlichkeit bewusst werden. Die Schaffung des Menschen wird nicht als Akt, sondern als ein nicht abgeschlossener Prozess im Wandel der Entstehungs- und Erscheinungsformen erklärt werden. Die wachsende Denkfähigkeit wird die Menschen befähigen, den Prozess des eigenen Werdens zu fördern, - in Partnerschaft, könnte man sagen.

---

[1] siehe auch: Lenz, Hans-Joachim, Heilung oder Heiligung,
    Ein Menschenbild im Lichte der Quantenphysik, ISBN 3-938088-06-0
    Bd. 9, Edition Erneuerung geistiger Werte, Mainz 2006.

A2 Das Denken

Die Erhöhung der Denkfähigkeit wird eines der Merkmale des Weges der Menschwerdung sein, der auch der Weg der Eins-Werdung ist. Warum das Denken? Es muss wie eine Revolution gewesen sein, als einer sagte: „Cogito, ergo sum." Das Denken verschafft Identität, nicht die Emotion. Die Palette emotionaler Reaktionen ist nicht sehr groß. Denken aber macht frei. Durch Denken wird die Welt erklärt. Denken folgt Gesetzen. Denken ist lehrbar. Ohne Denken bist du nichts. Emotionen machen klein, sind nicht lernbar, eher verlernbar.

Nun ging man aber davon aus, dass das Gehirn denkt. Man begann, das Gehirn zu erforschen, entdeckte Denkregionen, Denkarten, Denkoperationen wie diese fünf: Kognizieren, Erinnern, Divergieren, Konvergieren, Bewerten und die daraus sich ergebenden 120 verschiedenen Denkvermögen. Das Gehirn wurde eine große Verarbeitungsmaschine von Daten, die, über Sinne erfahren, im Gedächtnis gespeichert waren.

Jedoch wurden auch Einflüsse bemerkt, die von „außen" kamen, da gab es Unbewusstes, Unterbewusstes, sogar Überbewusstes. Es wurden kosmische Wissensspeicher, sogenannte morphogenetische Felder, vermutet, auf die das Denken zurückgreift. Das Gehirn wurde Schaltstation von Wahrnehmung, gespeicherten Bildern, Denkmustern, von der eigenen Existenz geschaffen oder aus überzeitlichen Reservoirs geschöpft, vielleicht sogar gegen eigenen Willen eingeimpft.

Was ist nun „Denken"? Denke ich oder ein ES? Denke ich das, was ES denkt? Bin ich ein benutzter Apparat? Werde ich bedacht? Oder ist Denken das Ganze? Denken findet nicht im Gehirn statt. Denken ist ein kosmischer Vorgang, spielerische Schöpfung aus Worten, Bedeutungen und Bewertungen. Das Gehirn ist nur Schaltstation und setzt Gedachtes um in Aktion. Denken ist Kommunikation der Existenz mit dem Ganzen, ist eine Kooperation von ICH und „Geist". Und Denken ist Schöpfungsprozess, ist Mensch-Werdung.

A3 Die Freiheit

Denken in diesem zuvor gesagten Sinne macht frei. Denken bewegt sich in dem weiten Raum von der zerebralen Handlungsstütze bis zum kosmischen Wissensreservoir. Durch Denken wird der Mensch frei. Das Denkfeld ist das Ganze. Denken ist ein schöpferisches Spiel. Denkunterscheidungen sind spielerische Versuche. Denkformen definieren nicht, sind Abtasten von Möglichkeiten. Denkworte sind austauschbar. Denksprache ist unverbindlich. Denken ist wertfrei. Denken überbrückt alle Gegensätze.

So erhebt sich die Frage: Sind Gegensätzlichkeiten naturbedingt, von der Schöpfung gewollt? Oder sind sie die Folge eines überholten, dualistischen Denksystems? Liegt die Zwiespältigkeit am Denken? Dann kann sie auch durch Denken überwunden werden. Und nur durch Denken. Denken kombiniert in spielerischer Weise Information zu geistiger und materiellen Gebilden. Denken bewegt den Fortgang der Schöpfung. Der Denkende schwimmt im Meer der gesamten Informationen und schöpft eine immer neue Welt. Schöpfer und Mensch erdenken die eigene Vollkommenheit, erdenken die Einheit der Welt, die Einheit aller lebendigen Wesen, die Einheit alles Seienden, so wie es am Anfang war und gewesen sein muss.

B1   Was ist Leben?

Auf die Frage „Was ist Leben?" würde jeder zunächst sagen: „Das Dasein zwischen Geburt und Tod" – eine Wegstrecke also durch diese physische Welt. „Ein Leben lang" stehen wir in der Pflicht und wünschen jedem ein „langes Leben". Leben ist ein diesseitiger Zustand, aber auch der „lebendige" Zustand einer sonst „toten" Materie. Dem geformten Stoff wurde das Leben eingehaucht. Das „Fleisch" wurde zum Leben erweckt. Leben und Tod sind Gegensätze, die sich ausschließen. Aber auch die Betriebsamkeit des Umfeldes wird oft mit „Leben" bezeichnet. In einer Stadt ist „Leben", auf dem Lande eher Stille und Beschaulichkeit. „Lebendig" und „tot" ist ein Dualismus, wie auch „leben" und „sterben".

Nach diesem noch sehr harmlos differenzierten Gebrauch des Wortes „Leben" begannen die Menschen im Hinblick auf religiöse, rechtliche und wissenschaftliche Relevanz „Leben" genauer zu definieren. Beginnt „Leben" mit dem Durchschneiden der Nabelschnur, der Trennung von der Mutter? Beginnt es pränatal, mit dem Eisprung vielleicht? Oder im x-ten Monat der Schwangerschaft? Oder mit dem Beitritt einer „Seele"? Und wann ist das Leben zu Ende? Wann tritt der „Tod" ein? Mit Herz- oder Atemstillstand, mit dem Erlöschen der Gehirnströme? In vielen Kulturen der Erde gibt es das Wissen um eine Wiedergeburt, um ewiges Leben - um eine Kette von immer neuen Existenzen oder um ein einziges Leben mit Wandel der Erscheinungen, in manchen Weltsichten auch in Gestalt von Pflanzen und Tieren. Nach der christlich-abendländischen Sicht wandelt sich Gott in den Menschen, sein Ebenbild, oder mit anderen Worten, das Leben ist Gottes Werden. Was ist nun Leben?

B2 LEBEN ist!

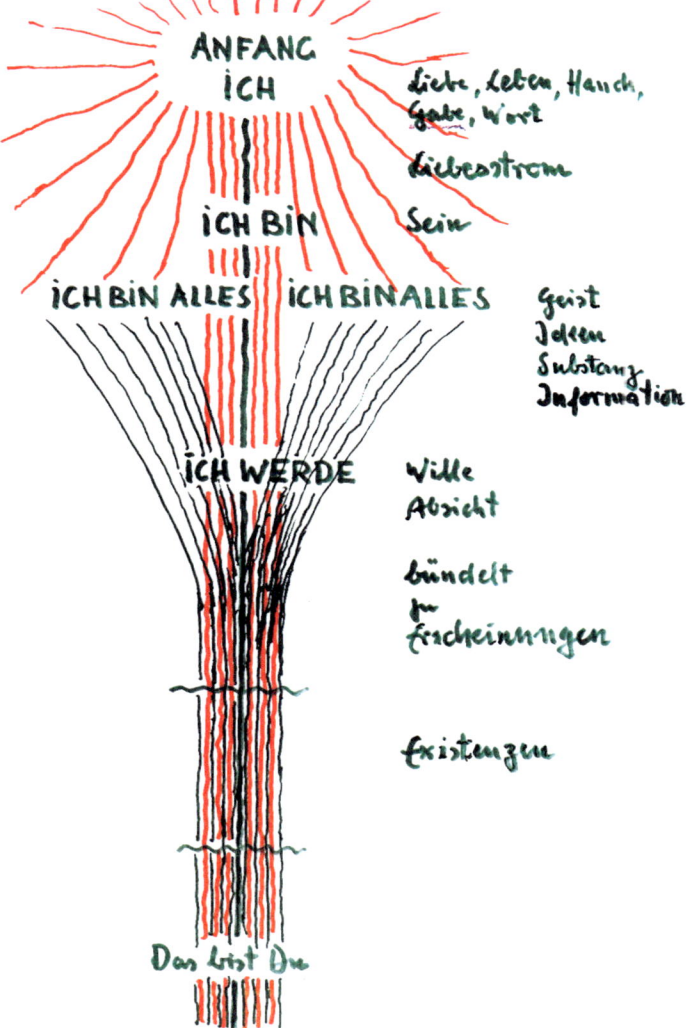

Abb.1: Am Anfang ist LEBEN
Der Strom des LEBENS trägt das ICH in die Welt, als ICH BIN ist es ALLES, vom Willen erfüllt zu WERDEN.
ICH bündelt Ideen, Substanzen und Informationen zu Erscheinungen, die sich zu Existenzen materiell bilden.

Die Lehre vom Leben sagt: LEBEN ist! Alles Seiende ist Ausdruck von LEBEN. Alles Gewordene ist Erscheinung des LEBENS schlechthin. LEBEN ist der Hauch des Anfangs, das Wehende, das alles Seiende hervorbrachte. LEBEN ist das Wort, das Bewegende, das war, bevor etwas wurde. LEBEN ist die liebende Gabe, aus der alles Seiende erscheinen konnte. LEBEN ist in allem, was je erschienen ist. LEBEN ist Eros, die Macht, sich selbst zu erschaffen. ICH bin das LEBEN! Und alles, was ist, ist MEIN Leben!

LEBEN ist ein durchgängiger Prozess, der Anfang und Ende der Welt verbindet. Es gibt nur ein LEBEN. Die Mensch-Werdung ist ein Prozess innerhalb des Lebensstromes, ein Prozess der Wandlungen, begleitet vom LEBEN, von der Liebe des Anfangs, die den Prozess unaufhaltsam in Bewegung hält.

15

B3 ICH bin das LEBEN.

Das LEBEN tritt in das SEIN und sagt: „ICH BIN!" Der Lebenshauch des Anfangs erschafft das SEIENDE. Und das SEIENDE ist alles, alle Substanz, aus der ICH eine Welt erschaffen hat - man kann auch sagen, alle Ideen, alle Informationen oder einfach Geist schlechthin. Das ICH ist die Macht und der Wille, zu schöpfen. ICH ist Anfang und kennt das Ziel. ICH trifft die Wahl und bündelt die Substanz zu Erscheinungen und Existenzen (Abbildung 1, S. 15). Das ICH ist sich jederzeit des Ganzen bewusst und führt die Geschöpfe wie ein Kapitän durch den Wandlungsprozess der Mensch-Werdung. Wie zu hören ist, tritt die Erschaffung des Menschen in eine neue und letzte Phase. In dieser letzten Welt wird der Anfang erscheinen. ICH wird MENSCH sein und einen Traum erfüllen. Die Welt wird wieder eine Welt werden. Das Ende wird sich mit dem Anfang verbinden. Alle Gegensätze werden sich zum Einen verwandeln.

Der in mir wohnt,

tut die Werke.

Jesus

C1 Die Existenz

Mit Existenz wird eine sinnlich wahrnehmbare Erscheinung bezeichnet. Im Wandlungsprozess nimmt die vom ICH gebündelte und gesteuerte Substanz immer neue Erscheinungen an, die sich existentiell ausprägen, aber auch in sinnlich nicht wahrnehmbarer Form erscheinen können. Man kann davon ausgehen, dass das ICH als schöpfender Wille versucht, seine eingeborene Vollkommenheit existentiell in Erscheinung zu bringen (Abbildung 2). Der Wandlungsprozess ist ein vielstufiger und zielgerichteter Werdeprozess, der die Ganzheit des Anfangs darzustellen versucht. Dieser schöpferische Werdeprozess findet oft auch gegen den Widerstand des Umfeldes statt, in das die Erscheinung, respektive Existenz, hineingeboren wird. Das ICH wählt jedoch das jeweilige Umfeld, das Fortschritte im Werdeprozess verspricht. Im vollen Besitz des Ganzen ist das ICH bemüht, die Existenz mit dem Bewusstsein der Vollkommenheit auszustatten.

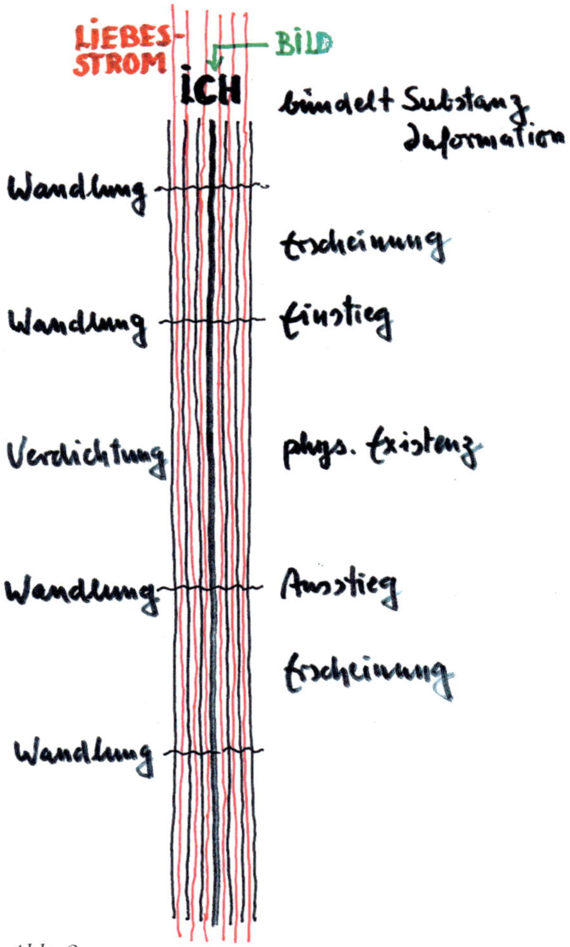

Ein- und Ausstieg begrenzen eine Existenz, die Gelegenheit zu neuen Lektionen, zur Erweiterung des Bewusstseins und zur Erreichung des Zieles bietet. Der Werdeprozess ist jedoch selten kontinuierlich. Er wird von Rückschritten begleitet, kann aber auch steile Momente des Aufstiegs enthalten. Hier spielen die Bereitschaft zur Annahme des schöpfenden Willens und der umweltgeprägte Widerstand eine entscheidende Rolle. Wandlungen sind Werde-Willen. Die Existenz kann aber auch in der Macht der

Abb. 2:

Das Werden (die Wandlungen von Erscheinungen)
Das ICH, getragen vom Strom des LEBENS, wechselt in stetem Wandel die Erscheinungen, die in physische Existenzen ein- und wieder aussteigen, in der Absicht, das Bild zu werden.

Umwelt untergehen. Die Denk- und Erkenntnisfähigkeit der Existenz ist der Partner des ICH in der gemeinsamen Absicht, das Oben mit dem Unten zu verbinden und damit die Einheit und Ganzheit des Werkes hervorzubringen.

C2 Die Seele

Im Allgemeinen wird die „Seele" als das angesehen, was das „Leben" mitbringt. Der lebendige Mensch hat eine „Seele" und es ist eine sündhafte Tat, einem Menschen die „Seele" abzusprechen. Was man unter Seele auch immer verstehen mag, sie gilt als eine geistige, von Gott gegebene Macht, die einen materiellen Körper zu einem empfindsamen Menschen macht. Mit dem Tod verlässt die Seele den Körper.

Im Zusammenhang mit dem Thema „Abtreibung" ist der Begriff „Seele" in die Diskussion geraten. Wann beginnt zu schützendes Leben? Wann nimmt sich die Seele des entstehenden Körpers an? Ist der „beseelte" Körper zu schützen oder der Körper schlechthin? Beginnt Leben mit Befruchtung? Im wievielten Monat der Schwangerschaft? Mit der Geburt? Die gleichen Fragen entstehen am Ende des Daseins. Wann verlässt die Seele, die das „Leben" brachte, den Körper? Wann endet die Existenz? Mit Hirntod, Herztod oder Atemtod?

Das LEBEN, die Lebendigkeit einer materiellen Erscheinung, beginnt jedoch am Anfang. Vom LEBEN geboren, trägt das ICH die Liebe des Anfangs durch alle Erscheinungen eines Wandlungsprozesses. Das ICH bedient sich der Substanzen wie auch verschiedener Wesenheiten, der Seelen, um eine Existenz dem Ziele der Ganzheit entgegenzuführen (Abbildung 3, S. 32). Eine Seele bringt eigene Erfahrungen mit, die das ICH der Existenz beifügen möchte. Sie ist Beistand des ICH, sie gibt Orientierung, sie ist wie ein Lotse, der den

Kapitän durch die Klippen des Daseins schleust. Eine Seele hält sich schon früh in der Nähe der embryonalen Entwicklung auf, schließt sich der Existenz aber meist erst vierzehn Tage nach der Geburt an. Es ist anzunehmen, dass das ICH darüber entscheidet, wer einer Existenz beitreten darf und wann. So ist auch zu beobachten, dass Seelen während des Daseins ausgewechselt werden oder dass sogar mehrere Seelen eine Existenz gleichzeitig bewohnen können. Das lässt auf eine fortschreitende Entwicklung der Existenz schließen, die neue und andere Substanzen benötigt. Auf dem Weg zum Ziel fällt der Regent der Mensch-Werdung, das ICH, opportune Entscheidungen, die der begrenzten Erkenntnisfähigkeit der menschlichen Existenz verborgen bleiben und oft in Widerspruch stehen zu Daseinsplanungen zerebraler Denkaktivitäten.

In der Tat ist „Seele" insofern ein Sammelbegriff für „Substanzen" der unterschiedlichsten Art, die das ICH während des Werde-Prozesses einer Erscheinung einverleibt. Das können reine Substanzbündel sein, die der Existenz spezifische Informationen beifügen sollen. Das können kosmische Wesenheiten sein, die Träger besonderer Eigenschaften oder Fähigkeiten sind. Das können aber auch geistförmige oder feinstoffliche Menschen einer hohen Entwicklungsstufe sein, wie sie in Davids Weltenstamm entstanden sind. Alle scheinen in der Entwicklung des Menschen eine förderliche Wirkung zu entfalten und werden vom regierenden ICH je nach Bedarf der Existenz angegliedert. Der Einsatz fördernder Seelen, dieser spezifischen Informationsträger, steht auch im Zusammenhang mit der energetischen Versorgung einer Existenz.

SEELE ist Lotse
Orientierung
Erfahrung
Beistand
SEELE ist eine eigene Erscheinung
SEELE ist ein Substanzbündel
SEELE ist eine Wesenheit
SEELE schließt sich einer Existenz an

Zwischen Einstieg und Ausstieg, zwischen Geburt und Tod, füttert das ICH eine Existenz mit einem ständigen Zustrom von Informationen jeglicher Art, aber reinigt auch die Existenz durch einen permanenten Abstoß des Überflüssigen. Zu diesen Informationen gehört auch das Erbgut, das nicht, wie behauptet, determinierend ist, sondern vom ICH im Werdeprozess bereinigt und verändert wird.

C3 Das Bewusstsein

Das ICH ist am Anfang. Das individuelle ICH ist eine Abspaltung vom Ganzen und ist wie das Ganze. Es ist sich jederzeit des Ganzen bewusst und will das Ganze als Ebenbild in materieller Erscheinung erschaffen. Das ICH erschafft sich selbst. Durch ständigen Wandel der Erscheinungsformen vermittelt es der Existenz zunehmendes Bewusstsein der eigenen Herkunft, der eigenen Vollkommenheit, der eigenen Handlungsfähigkeit. Handlungsfähig sein bedeutet, die Denkvorgänge aus den biologischen Grenzen in die Wissensvorräte des Ganzen ausgedehnt zu haben (Abbildung 4).

Wie bereits gesagt, stellen sich dem Bemühen des ICH die Umweltdepressionen und die Verzagtheit der Existenz entgegen. Das ICH kann im Laufe einer Existenz nur Bruchteile des Ganzen verwirklichen. Begrenzt sich das Bewusstsein der körperhaften Existenz auf weniger als 20%, wird das ICH zum Ego, zum kleinen „ich". Kann das ICH die Existenz zu nicht mehr als 40% Bewusstheit entwickeln, droht diesem Entwicklungsstamm die Auflösung. Der Prozess gilt als gescheitert, der Mensch stirbt einen zweiten Tod (Abbildung 5, S. 45).

Die Begrenzung des Potentials, das ein ICH aus dem Anfang mitbringt, führt zu Mangelerscheinungen jedweder Art – ganz unabhängig von der Verursachung. Das Dasein wird von der Existenz als leidvoll empfunden, es treten „Krankheiten" auf. Die Lust und Kraft, das Dasein zu leben, schwindet. In Schuldgefühl und Depressionen kann sich die Existenz auflösen. Das An-

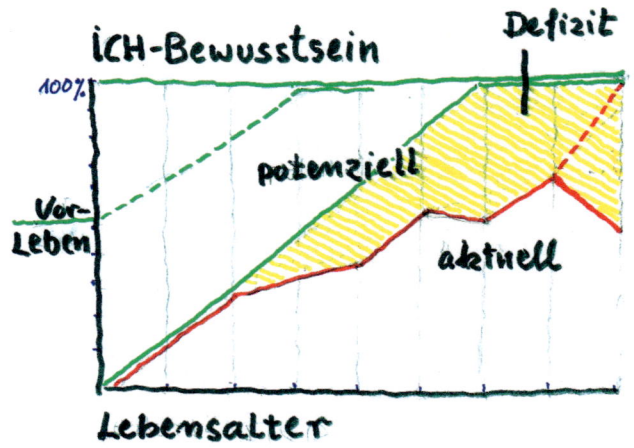

Abb. 4:

Das Bewusstsein

Das ICH ist immer in 100-prozentigem Bewusstsein des Ganzen, in das eine Existenz potentiell hineinwächst. Die Spanne zum aktuellen Bewusstsein ist das Defizit, die noch zu erfüllende Verpflichtung.

gebot der Schöpfung, die Vollkommenheit des Ebenbildes in Partnerschaft zu erschaffen, wurde nicht erkannt. Der Lebensstrahl aus dem Anfang versiegt. Vielleicht ist dieses Verpassen das „verlorene Paradies".

Hilf dir selbst,

dann hilft dir Gott.

(Sprichwort

Mensch, beweg dich, dann trägt

das LEBEN.

(Sprichwort)

Wer die Worte hört,
wird den Himmel schau'n.

HJL

II. BUCH

Von der

Leidlosigkeit

Wer LEBEN lebt,
wird Leid nicht kennen.

HJL

A1 Die Dualität

Duale Begriffe sind Denkhilfen. Sie erleichtern die sprachliche Mitteilung, schaffen unschwer nachvollziehbare Redundanzen. Die Begriffe „hart – weich" bedürfen keiner weiteren Erklärung. Tatsächlich sind es Zustandsformen in einem System gleitender Übergänge. „Fest – flüssig – gasförmig" sind Zustände der gleichen Substanz und nicht etwa trennende Begriffe von Naturphänomenen. „Tag und Nacht" sind extreme Zustände des gleichen astronomischen Geschehens. Duale Begriffe entstehen aus Gründen sprachlicher Deutlichkeit an vermeintlichen Grenzen wie „sichtbar – unsichtbar" oder „Materie – Geist".

Eine archaische Denkstruktur und unbeholfene Sprachdifferenzierung mögen Ursache für duale Denkhilfen sein. Es mangelt an der Fähigkeit, Grenzen zu überbrücken und Sprachbegriffe zu bilden, die Dualismen überdachen. Hat der Mensch das Bewusstsein seiner Ganzheit verloren und sich in Gegensätzlichkeiten geflüchtet? Oder steht er am Anfang einer Bewusstseinsentwicklung, die ihn befähigen wird, die Einheit der Welt und seine eigene Vollkommenheit zu erdenken?

Mit dem Vordringen in höhere Erkenntnisebenen, die das Rationale übersteigen, werden sich übergeordnete Begriffssysteme bilden, einheitliche Skalen entwickeln, werden Gegensätze zusammenwachsen, Denkvorgänge sich wandeln in spielerische Kreativität und dem Menschen eine neue Freiheit bescheren. Das duale Denkschema wird man einer früheren Entwicklungsstufe mit stark emotionaler Prägung zuordnen. Es ist an der Zeit, sich von dualistischen Welterklärungen zu lösen und sich der Einheit von Leben und Geist zuzuwenden.

A2 Das Leid

LEBEN ist am Anfang. Der Anfang ist LEBEN. Alles, was ist, ist LEBEN - der Hauch, das Wort, der Geist über den Wassern. Alles ins Sein Getretene ist LEBEN, ist Liebe, ist Gabe. Es gibt nichts, was nicht LEBEN ist. Eine Lehre von der Einheit alles Lebendigen ist zwangsläufig auch eine Lehre des Anti-Dualismus. Leiden und Glück sind dualistische Illusionen, Konstrukte beschränkter Denkvorgänge. Leiden ist Abwesenheit des „Richtigen", ist nicht gelebtes LEBEN. Leiden unterdrückt das Bewusstsein des Vollkommenen, der Einheit allen SEINS. Selbst die Dualität von „krank – gesund" ist ein Begriffspaar aus der Welt des Leidens. Es gibt keine „Gesundheit" als solche. „Gesundheit" ist erstrebtes Ziel einer Welt der Kranken, der Leidenden, das nie erreicht wird. Ein begrenztes, dualistisch geprägtes Denksystem münzt eine Welt, aus der Einheit kommend, um in eine Welt voller Gegensätze und verschafft damit dem „Leiden" eine beherrschende und Leben zerstörende Macht.

Wie entsteht nun diese Fiktion des Leidens? Am Anfang gibt es nur Wahrnehmung. Nicht nur Menschen, auch Pflanzen und Tiere nehmen mit den Sinnen wahr. So bemerken sie allenfalls eine Störung des Normalen. Etwas ist „nicht richtig", nicht so wie es SEIN soll, wie es geschaffen wurde von Anfang an. Folglich bildet der Mensch mit seinem Sprachvermögen Begriffe, die einer Wahrnehmung zugeordnet sind. Die Begriffe differenzieren, erhalten Bedeutungen und werden mit Wertungen belegt. Alle drei Faktoren unterliegen im Laufe der Zeit Veränderungen, ganz abgesehen von Volkssprachen und Dialekten. Das anfänglich als „nicht richtig" Wahrgenommene entwickelt sich zu einem umfangreichen negativen Wortschatz, der den positiven weit übersteigt.

Im Althochdeutschen hatte das Wort „Leid" die Bedeutung von Betrübnis und Schande. Leid war Beleidigung, Unrecht und steigerte sich in der Benutzung bis Abscheu, Frevel und hässlich. Interessant ist, dass es auch im Sinne von sündigen, d.h. absondern von einer Regel oder Gesetz benutzt wurde. Heute, und das zeigt einen bemerkenswerten Wandel zu einer gewissen Salonfähigkeit, wird unter „Leid" Krankheit und Schmerz, jede Art von Entbehrung, von Mangel und Verlust, von seelischer Betrübnis und Hoffnungslosigkeit verstanden. Leid ist nicht mehr Folge eines eigenen Verhaltens, sondern eine unausweichliche schicksalhafte Last, die sich in das duale Denkschema von Leid und Glück, Diesseits und Jenseits, Leben und Tod einordnet und dazu benutzt wird, Mit-Leid und Beachtung zu erheischen.

A3 Die Weltsichten

Diese in Begriffe, Bedeutungen und Bewertungen differenzierte Welt des menschlichen Leidens führt verständlicherweise zu der Frage nach Ursprung, Sinn und Überwindung. Das Leid wird wesentlicher Bestandteil von Religionen und Weltanschauungen, von Philosophie, Psychologie, Medizin und jeglichen Therapien. Die Ausführungen dazu beschränken sich auf die Interpretation von religiösen Weltsichten.

Primitiven Religionen zufolge wirken dämonische und magische Kräfte, die dem Menschen Leiden auferlegen. Im Parsismus ist es der Ahriman, der Böse, der Leid verordnet. Der Konfuzianismus hingegen sieht Leid kausal zum moralischen Verhalten, also als vermeidbar an. Im Hinduismus dient Leid als Karma zur Regulierung von schuldhaftem Verhalten. Im frühen Buddhismus ist das Leben als solches bereits Leiden; ein Ausstieg aus dem ewigen Kreislauf ist durch bestimmte Praktiken möglich. Im späten Buddhismus übernimmt ein Boddhisattva die Leiden und opfert sich zur Erlösung der Menschen. Im alten Griechenland lehrten die Tragödien, dass Leiden zum wahren Wissen führt. In gnostischen

Lehren befreit die Askese vom Leiden und löst damit die Dualität von Geist und Materie (!) auf. Der Islam sieht das Leiden als verordnete Prüfung auf dem Weg zu Allah. Das Alte Testament kennt noch das ursprüngliche leidlose Leben – erst ein „Sündenfall" verwehrt die Teilhabe. Im Neuen Testament nimmt Jesus das menschliche Leid für eine jenseitige Befreiung auf sich. Das Christentum hingegen sieht das persönliche Martyrium als Leidbefreiung mit der Hoffnung auf ein jenseitiges Leben. Die Neuzeit löst sich jedoch völlig vom jenseitigen Bezug. Leid und Krankheit sind bedrohende und Leben beendende Faktoren. Der Mensch beginnt, ums Leben zu kämpfen, letztlich in Hoffnungslosigkeit und Schicksalsergebenheit.

In der Tradition religiöser Weltsichten und vorwissenschaftlicher Erfahrungen ist Leiden
- unvermeidlich, durch Sündenfall bedingt
- Leben schlechthin und nicht nur Glück
- Strafe für ein Vergehen
- Folge falschen Verhaltens
- Beendigung des Lebens.

B1 Die Leidbewältigung

Aus diesen historisch und prärational geprägten Einstellungen entwickeln sich Strategien der Leidvermeidung, der Leidüberwindung oder gar der Leidbefreiung, gestützt von Einrichtungen jedweder Art:

- Forschungszentren
- Lehrstätten, Universitäten
- Fabriken, Industrien
- Märkte für therapeutische Mittel
- Ärzte, Therapeuten
- Apotheken, Reformhäuser
- Notdienste
- Krankenhäuser
- Heilstätten, Kurorte, Sanatorien
- Hotels mit Spa-Einrichtungen
- Fitness-Zentren
- religiöse und spirituelle Heilstätten
- Versicherungen, Krankenkassen
- staatliches Gesundheitswesen.

Ein Netz aus einer unübersehbaren Anzahl von Einrichtungen überzieht die Welt, um eine desolate, deformierte und leidende Menschheit wieder in einen normalen Zustand zu versetzen. So entsteht eine Gesellschaft, die hoch sensibilisiert ist für die Wahrnehmung leidvoller Zustände, deren Denkvermögen geschaffen ist, Begriffssysteme extrem zu differenzieren, aber nicht ausreicht, Leid zu besiegen. Leid wird zu einer existentiellen, körperhaften Wirklichkeit, die Leben beendet. Sterben wird zum materiellen Tod. Und Leben wird zum Kampf gegen ein Phantom, gegen sich selbst. Der dualistische Denkansatz, ein archaisches Relikt, zerstört systematisch die Einheit des LEBENS aus dem Anfang heraus. Alle Versuche einer Leidbewältigung vertiefen die Kluft zu dem, was LEBEN ist. Einem Produkt dualen Denkens wird eine Wirklichkeit eingeräumt, die die Einheit des LEBENS zerstört und einer fiktiven, dem LEBEN feindlichen Welt Macht verleiht.[1]

B2 Die Leidlosigkeit

Am Anfang war ICH. Und nichts war außer dem ICH. Und das ICH war nichts und doch alles. Es ruhte in der Stille eines ewigen Schlafes. Als es dann aufging, wie ein Same aus der Nacht, war es plötzlich da. Es erkannte sich selbst: „ICH BIN" und es sah: „ICH BIN ALLES". Und es gibt nichts mehr, was ICH nicht ist. Es entdeckt in sich alle Fähigkeiten und alle Substanzen, um zu WERDEN. Alles, was im ICH geborgen ist, soll in Gestalt erscheinen. Sie soll MENSCH heißen. Und so ist es immer das eine ICH, das sich entfaltet. Und alles, was erscheint, ist immer nur das eine ICH, das aus dem Dunkel in das lichte SEIN getreten ist (Abbildung 1, S.15).

Ein Mensch erblickt das Licht der Welt. Bald wird er sich erkennen. Bald wird er ICH sagen. Er wird die eigene Kraft entdecken, den eigenen Willen, die Fähigkeiten, die Vorlieben. Er wird die Freude am Schaffen, Entdecken, Erforschen wahrnehmen und die Weite der Welt, die Schönheit, die Poesie. Und alles ist und bleibt immer das eine ICH, das LEBEN aus dem Anfang heraus, das zur Erscheinung drängt. Alles, was das ICH aus seiner Vollkommenheit, seiner Ganzheit, aus dem ALL heraus in Erscheinung bringt, wird als normal, als richtig, als wertfrei, als in Ordnung wahrgenommen. Das Gewollte ist das Normale. Diesem normalen, leidlosen Zustand wird keine Beachtung geschenkt. So gibt es auch keine annähernd so differenzierte Begriffswelt des Normalen, des Leidlosen wie die des Leidens. Da ist nur die Erscheinung des SEINS, und die ist so, wie sie ist. Das Normale ist das Hervortreten des Gewollten. Eine Rose ist eine Rose, ein Mensch ist ein Mensch. Alles Erscheinende ist die Gabe des Anfangs, ist der sich Gebende selbst. Aus der Ganzheit kann nur Ganzes entstehen. Wie in holographischen Bildern ist jedes Teil auch das Ganze. Jede Zelle birgt das Ganze, jeder Same einen Baum. Nichts tritt hinzu, was am Anfang nicht schon war. Weder „krank" noch „gesund" stammen aus dem Anfang, sind keine Seins-Zustände. Wer das LEBEN lebt, kennt weder Krankheit noch Gesundheit. Gelebtes LEBEN ist frei von Leid. Alles, was LEBEN will, ist, das in Erscheinung zu bringen, was von Anfang an ist. LEBEN will wachsen und gedeihen und Früchte tragen. Rezepte, die Leid beseitigen und Gesundheit erwirken wollen, treten in Konkurrenz mit dem LEBEN. LEBEN erhält sich selbst. LEBEN allein bietet Leidlosigkeit an. Und wer LEBEN lebt, wird Leid nicht kennen.

B3   Die Glückseligkeit

So wenig wie es Leiden gibt, so wenig gibt es Glückseligkeit. Leid und Glück sind duale Fiktionen. Dem Leiden in der Welt wird eine Glückseligkeit in irdischen oder himmlischen Gefilden verheißen. Die Aussicht auf Glück soll das Dasein in Leid versüßen. Die Einheit des LEBENS aber kennt weder Leid noch Glück. Die Schöpfung hat Glückseligkeit nicht geschaffen und auch als Endziel nicht versprochen. Am Anfang war das LEBEN, das sich in einen Weltraum ergoss. Am Anfang war die Wahrnehmung, die Fähigkeit, das LEBEN als seiend zu erkennen. Das Paradies ist nicht Glück, sondern SEIN. LEBEN erwartet Dank und nicht Glückseligkeit. Die Wahrnehmung erlaubt es dem Denken, ins Bewusstsein des Ganzen zu kommen, die Einheit alles Lebendigen zu erkennen. Dann bedarf es einer Glückseligkeit nicht mehr. Mehr als das Bewusstsein des Ganzen gibt es nicht.

---

[1] siehe auch: Lenz, Hans-Joachim, Heilung oder Heiligung,
    Ein Menschenbild im Lichte der Quantenphysik, ISBN 3-938088-06-0
    Bd. 9, Edition Erneuerung geistiger Werte, Mainz 2006.

C1 Das ICH

Das ICH aus dem Anfang begleitet das Werden des Menschen seit Urzeiten. Das ICH erfüllt den Traum des Beginns, sich selbst zu erschaffen und als MENSCH zu erscheinen. Auf dem langen Weg reiht sich in stetigem Wandel eine Erscheinung an die andere. Irdische Existenzen erproben den Fortschritt des Werdens. Das ICH hat das Ziel fest im Auge, auch wenn die begrenzte Existenz durch die Eindrücke einer Umwelt erblindet. Die eingeschränkte Denkfähigkeit reicht nicht aus, den eigenen Mangel zu erkennen. Das ICH jedoch steuert den Strom des Werdens durch viele Klippen hindurch und erschafft durch steten Wandel das Bild aus dem Anfang. Es bedient sich dabei immer anderer Substanzen und kosmischer Wesenheiten, wie auch der sogenannten Seelen. Das ICH ist der Wille, der Vollkommenheit und Harmonie der Ganzheit Gestalt zu verleihen (Abbildung 1, S. 15).

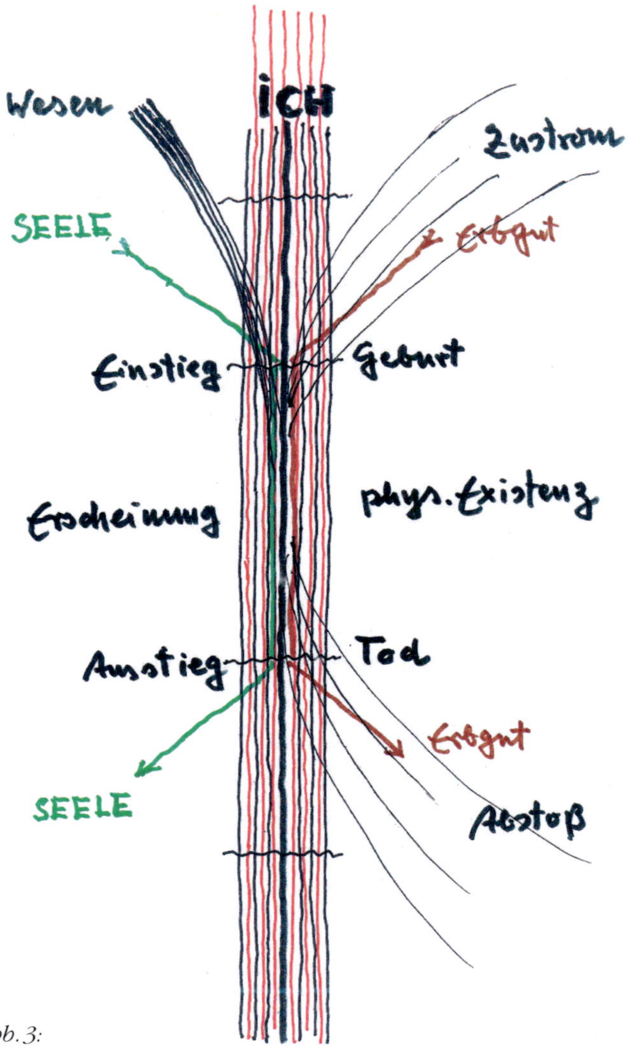

Abb. 3:
Die Existenz
Auf dem Weg des ICH begrenzen Ein- und Ausstieg, Geburt und Tod eine physische Existenz, die durch Zustrom und Abstoß von Informationen, Veränderungen des Erbgutes, durch Hinzunahme erfahrener SEELEN und anderer Wesenheiten vervollkommnet wird.

Die begrenzte Denkfähigkeit des Menschen hat mit dem Hilfsmittel dualistischer Deutungen versucht, die Welt und ihr Wirken zu erklären. Die Macht des ICH wurde nicht erkannt. Das Werden wurde in die Hände sich widerstreitender Kräfte gelegt. Dem Erkenntnisdefizit wurde eigenständige Macht in einer dualen Welt übertragen. Das ICH jedoch kennt keine Aufspaltungen der Welt. In großen Zeiträumen erschafft das ICH im ganzheitlichen Willen das Bild in leibhaftiger Gestalt. Der Wille behindert sich nicht selbst, indem er Antikräfte in den Werdeprozess einschleust. Das ICH des werdenden Menschen hat das Ziel im Auge und fühlt sich vom LEBEN getragen. ICH ist Anfang und Ziel im Bewusstsein des Ganzen.

C2 Die Existenz

LEBEN ist „In-das-SEIN-Drängen". Das Seiende, das lebende ICH BIN will WERDEN, will das Ganze in Erscheinung bringen. Das ICH schöpft aus sich selbst und alles, was erscheint, birgt in sich das Ganze. Über ewige Zeiträume hinweg baut das ICH am Bild seiner selbst und fügt Informationen zu immer neuen Erscheinungen zusammen. Eigenschaften, Fähigkeiten, Substanzen, ganze Bauteile, komplexe Wesenheiten und „Seelen" werden der Erscheinung einverleibt, werden aber auch wieder abgestoßen, wenn sie ihre formgebende Aufgabe erfüllt haben (Abbildung 3, S. 32).

Existenz ist materielle Erscheinung
Existenz ist ein vielstufiger Prozess
Existenz ist vom ICH gesteuert
Existenz ist werdende Ganzheit
Existenz ist wachsende Bewusstheit

Die im ständigen Wandel befindliche Erscheinung des ICH nimmt im Verlauf des Werdens existentielle Gestalten an, um den Fortschritt und die Verträglichkeit in einer materiellen Umwelt zu erproben. Tritt die fortgeschrittene Erscheinung des ICH in die Existenz, wird das mit „Geburt" bezeichnet. Der Ausstieg aus der Existenz gilt als Ende, als „Tod" der physischen Form. Die Spanne zwischen Geburt und Tod kann die Existenz als „Leben" wahrnehmen, als das, was seit Anbeginn die Welt bewegt (Abbildung 2, S. 17).

33

Das ICH sieht seine Aufgabe darin, die Existenz in das Bewusstsein der ursprünglichen Ganzheit zu führen. Im Werdeprozess erwirbt die Existenz die zunehmende Fähigkeit, sich im Zusammenhang mit den Weiten der Schöpfung zu erkennen. Das Wissen um das Wissen vom Ganzen – ich weiß, dass ich alles weiß – führt zu einem Bewusstsein von der ureigenen Vollkommenheit: Der herzhafte Biss in den Apfel, Symbol für das Ganze, öffnet die Augen und lässt den Werdeprozess von Anfang bis Ende aufscheinen. Das ICH und die Existenz werden zu Partnern in der Erschaffung des Ebenbildes.

C3 Das Bewusstsein

Das ICH ist ALLES. Es weiß um seine eigene Vollkommenheit. Auch das zu schaffende Ebenbild soll und muss um die eigene Vollkommenheit wissen. Diese anfängliche Vollkommenheit muss nicht erschaffen werden. Das vollkommene Bild begleitet den gesamten Werdeprozess. Es ist zu jeder Zeit vorhanden und ermöglicht, den Fortschritt des Werdens mit dem Urbild zu vergleichen.

Die eingeborene Denkfähigkeit des ICH erlaubt es der Existenz, die Gehirnaktivität mit dem kosmischen Wissensspeicher zu verbinden. Die Existenz kann sich die eigene Vollkommenheit erdenken. Sie kann und soll das Bewusstsein von der anfänglichen Ganzheit erlangen. ICH und Existenz werden zu einer Einheit, die schon zu allen Zeiten in der Lage war, das volle Bewusstsein vom Ganzen zu verwirklichen.

Erscheinungen im Werdeprozess denken nicht. Sie sind immer das schaffende ICH, das das Ganze hervorbringen will. Existenzen hingegen können und müssen denken. Vom ICH belehrt, wird Denken zu einem kosmischen Vorgang, der das ALL mit einschließt.

Die Existenz wächst in ein Bewusstsein vom Ganzen.
Sie erdenkt sich ihre Vollkommenheit. Irdische Existenz
ist eine reflexive Phase im Prozess der Erschaffung
(Abbildung 4, S. 20).

Der Werdeprozess des Menschen kann sich über viele
Existenzen hinziehen, potentiell aber auch in einer
einzigen Existenz vollenden. Angestrebt wird das volle
Bewusstsein vom Ganzen, erreicht wird aber oft nur
ein Teil. Manche Existenz fällt auch wieder in weniger
bewusste Zustände zurück. Ursachen können Umwelt-
einflüsse sein und starker Eigenwille, der die Absichten
des ICH nicht erkennt und nicht befolgt, aber auch
mangelnde Ausbildung und Benutzung der Denkfähigkeit, die seit Anbeginn des SEINS angelegt ist.

Dieser Mangel an Bewusstheit wird von der Existenz
wahrgenommen, kann aber nicht benannt werden. So
wurden Begriffe erfunden, wie schon dargestellt, für
ein Defizit, für etwas, was es nicht gibt. Mit diesen
Begriffen wurde eine dualistische Denkweise begründet und verfestigt. Es entstand der Eindruck einer dualen Wirklichkeit. Das Phantom des Leids wurde geboren und ergreift die Macht in dem leeren Raum des
mangelnden Bewusstseins. Das Leiden wird zu einer
satanischen, magischen Macht, die die Existenz be-
droht und zur Todesursache wird (Abbildung 5, S.45).

Jeder schaffende Mensch leidet unter der mangelhaften
Vollkommenheit seines Werkes. Auch das schaffende
ICH leidet unter der mangelnden Ganzheit seiner
Schöpfung MENSCH. Leid ist Mangel, aber kein Teil
der Schöpfung. Leid hat keine Existenz und noch viel
weniger Substanz. Leid jeglicher Art ist eine Hilfskons-
truktion für ein noch zu leistendes Werk, ein Bewusstsein von der eigenen Vollkommenheit, der allumfas-
senden Ganzheit zu erlangen. Die Existenz, die sich
mit irdischen, materiehaften Gedanken füllt, durch-
kreuzt die Absichten des ICH. Das Bewusstsein ver-
armt. Das Wissen um das Ganze versiegt. Die Existenz
geht an Mangelerscheinungen zugrunde.

Leben strebt nicht nach Glück.

Leben strebt nach Wahrnehmung seiner selbst,

der vollkommenen Erscheinung des Ganzen,

Erschaffung ist Erfüllung.

HJL

III. BUCH

Von der
Schuldlosigkeit

Es gibt nur Leben.
Es gibt nur Sein.
Nur Wandel ist.
Nur Leben ist.

HJL

A1 Die Schuld, allgemein

Unter Schuld wird im Allgemeinen eine schwere, seelische Last verstanden, die sich Menschen durch einen vermeintlichen Verstoß gegen ein Gesetz aufbürden. Es gibt das tief geprägte Bild, dass aus einer fehlerhaften Tat eine Schuld erwächst, die nach Sühne verlangt. Einer „Sünde" folgt die Buße, die je nach Sachlage von der Schuld befreien kann oder den Täter ein Leben lang knechtet. Von Menschen verfasste Verhaltensnormen und „Sündenregister" werden zu Instrumenten der Macht. Das subjektive Gefühl, eine schuldhafte Tat begangen zu haben und Sühne leisten zu müssen, durchtränkt das Bewusstsein der Menschheit insgesamt und drückt den Selbstwert in des Menschen unwürdige Tiefen. Menschen verlieren ihre Größe, Schuldgefühle zernagen ihre Existenz. Mit Schuldzuweisungen lernen sie, andere zu erniedrigen und sich eigener Verantwortung zu entziehen.

Dieses allgemeine Verständnis von „Schuld" ist weitgehend durch eine religiöse Weltsicht geprägt, die zumindest in der westlichen und christlichen Welt tief verankert ist. Reflektiert wird diese Sichtweise in umfangreichen, differenten Deutungen philosophischer Systeme, die jedoch wenig Einfluss auf das allgemeine Verständnis gewonnen haben. Die Psychologie hingegen unterstützt das religiöse Verständnis: Schuldgefühl folgt einer Tat in der Vergangenheit, belastet den Lebensweg und kann durch Therapie wieder aufgelöst werden. Die psychologische Sicht bestärkt religiöse Deutungen und verhärtet damit, auch in nichtreligiösen Schichten, das zuvor geschilderte allgemeine Verständnis von „Schuld".

Ganz im Gegensatz dazu wird im Rechtswesen der Schuldbegriff in ganz anderer Weise benutzt. Im Strafrecht ist Schuld eine Verfehlung, die eine Strafe, jedoch nicht als Sühne, sondern als prophylaktische Tatverhinderung nach sich zieht. Hier wird nicht die Vergangenheit bestraft, sondern zukünftiges Handeln in Betracht gezogen. Im Zivilrecht gilt Schuld als Verpflichtung zu einer Leistung, die im Rahmen eines Vertrages zu erfüllen ist. Auch hier begegnen wir in sehr expliziter Weise einem zukünftigen Geschehen.

A2 Die Schuld, etymologisch

Ganz im Gegensatz zu der heutigen eher moralischen Anwendung steht die ursprüngliche Bedeutung von „Schuld". Im Indogermanischen[1] kannte man den Begriff skulan mit der Bedeutung von „sollen". Skulu war die „Zukunft", also das, was sein soll. So hieß auch die Norne der Zukunft Skulda. Schuld ist etwas Künftiges, ein zu erfüllendes „Soll". Später wurde unterschieden zwischen schult als „Soll" und schulde als „Fehler", - wie auch im Lateinischen zwischen debitum und culpa unterschieden wird. Schuld als zu erfüllende Verpflichtung hat sich über die Jahrhunderte erhalten![2] Eine Geldschuld wird noch heute mit „Soll" gebucht. Eine jegliche Verpflichtung wird mit dem Verb „sollen" verbunden (Du sollst . . .). Jede zu leistende Schuldigkeit, jede Rückgabeverpflichtung ist ein Soll und keine Last. Der Schultheiß hatte die Erfüllung von Pflichten zu verfolgen. Ein Schuldner ist zur Leistung verpflichtet. Wer etwas schuldig ist, hat noch etwas zu leisten. Und wie oft schulden wir einen Dank, eine Antwort, einen Beifall, eine Anerkennung. Schuld ist in der Sprachentwicklung eine Verpflichtung, die in einer vor uns liegenden Zeit zu erfüllen ist.

A3 Die Schuld, historisch

Die Entwicklung der Menschheit ist vom Begriff der Schuld begleitet. Andere Kulturen haben unterschiedliche Akzente gesetzt. Es seien nur einige historische Beispiele genannt:[3]

- Im archaischen Griechenland wurde unter „Schuld" etwas Gesolltes, etwas zu Erreichendes, zu Erfüllendes verstanden. Ein gesetztes Ziel soll erreicht werden, einer Norm soll entsprochen werden. Wurde z. B. ein Ziel mit dem Speer nicht getroffen, war eine Erfüllung schuldig geblieben.
- Im späteren Griechenland wurde mit „Schuld" keine wertende Unterscheidung getroffen zwischen einer technisch-intellektuellen Fehlleistung, einer sakralen Übertretung und einem sittlichen Fehlverhalten. Die Einschätzung hatte keine moralische, sündhafte Komponente.
- Im Hebräischen hat „Schuld" einen prozessualen Charakter. Eine Verpflichtung führt zu einer zunehmenden Verschuldung gegenüber Gott. Die Tat scheint hierbei weniger Gewicht zu haben. Die Schuld wächst in die Zukunft.
- In der christlichen Welt ist „Schuld" der Mangel an Richtigkeit einer Handlung. Die Fehlleistung wird zur „Sünde", der eine Strafe zu folgen hat. Die vergangene Tat ist die Schuld, von der eine Sühne befreien kann.

Historisch-kulturell kann man zwei Tendenzen feststellen: Zum einen der angedeutete Zukunftscharakter - ein Ziel ist zu erreichen, ein Soll ist zu erfüllen, wächst mit der Zeit -, zum anderen eine Tat, die eine sühnende Strafe nach sich zieht. Man beachte die Verschiebung durch christlichen Einfluss, die zu dem heutigen Allgemeinverständnis geführt haben mag.

Vor zweitausend Jahren hat Jesus, wie berichtet wird, die Menschen zu beten gelehrt: „Vergib uns unsere Schuld." Ist damit die schuldhafte Tat, die Sünde gemeint? Oder wird gebeten, die Strafe zu erlassen? Oder vielleicht eine Verpflichtung aufzuheben, die in Zukunft zu leisten ist? Mit seinem Opfertod, sagt man, hat Jesus die Sünden der Menschen auf sich genommen – „. . . nimmt hinweg die Sünden der Welt." Befreit Jesus von den schuldhaften Taten? Oder wird die Strafe erlassen? Oder wird die Schuld, die zu erfüllende Verpflichtung des Menschen gegenüber Gott, gelöscht? Oder wird generell die Sündhaftigkeit menschlicher Taten aus dem irdischen Bereich in den jenseitigen gehoben? Übernimmt ein Gott die Verantwortung für menschliches Versagen?

Auch könnte man fragen, hat Jesus als Gott befreit oder war der Kreuzestod das befreiende Moment? Oder soll dieser Tod ewiges Leben lehren, befreit von Leid und Schuld? Aber wie kann dieser schmerzvolle Tod eines göttlichen Menschen von den irdischen Zuschauern als frohe Botschaft verstanden werden? – Eine Lehre der Schuldlosigkeit, die aber am begrenzten Bewusstsein der Menschen scheitert?

---

[1] vgl. Grimm, Jakob u. Wilhelm: Deutsches Wörterbuch, Leipzig 1860.
[2] vgl. Trübner: Deutsches Wörterbuch, Berlin 1955.
[3] vgl. Historisches Wörterbuch der Philosophie, Darmstadt 1992.

B1 Das LEBEN

Wie bereits im ersten Vortrag, in der Lehre vom Leben, gesagt: LEBEN ist! Alles Seiende ist Ausdruck von LEBEN. Alles Gewordene ist Erscheinung des LEBENS schlecht- hin. LEBEN ist der Hauch des Anfangs, das Wehende, das alles Seiende hervorbrachte. LEBEN ist das Wort, das Bewegende, das war, bevor etwas wurde. LEBEN ist die liebende Gabe, aus der alles Seiende erscheinen konnte. LEBEN ist in allem, was je erschienen ist. LEBEN ist Eros, die Macht, sich selbst zu erschaffen (Abbildung 1, S. 15).

Alles Geschaffene wurzelt im Anfang. Alles kommt aus dem Einen und entfaltet sich in das Viele. Alles Geschaf- fene ist im Anfang mit allem verbunden. Alles Erschei- nende ist die Erscheinung des Einen. Alles, was wer- den kann und geworden ist, ist das eine LEBEN und bleibt das eine LEBEN. Jedes Einzelne ist das Ganze und bleibt das Ganze.

LEBEN ist – oder ist nicht. LEBEN und Tod sind keine Gegensätze. Tod heißt das Ende einer physischen Exis- tenz. LEBEN aber bleibt. LEBEN ist ein unversiegbarer Strom, der in der Vielfalt der Welt in Erscheinung tritt. LEBEN ist die Gabe, die Dank erwartet. LEBEN und Dank sind komplementär, nicht gegensätzlich. Anti- leben gibt es nicht. Eine Antikraft, die LEBEN bekämp- fen und zerstören könnte, ist nicht denkbar. LEBEN zieht sich aus den Erscheinungen zurück, ist aber un- besiegbar. Die Gabe jedoch verpflichtet. Nehmen und Geben sind wie Soll und Haben. Die Bilanz sollte stimmen.

LEBEN ist ein durchgängiger Prozess, der Anfang und Ende der Welt verbindet. Es gibt nur ein LEBEN. Die Mensch-Werdung ist ein Prozess der Wandlungen innerhalb des Lebensstromes, begleitet von der Liebe des Anfangs, die den Prozess unaufhaltsam bewegt.

B2   Das ICH

Am Anfang war das Wort, der Hauch, das LEBEN. LEBEN war, bevor ICH wurde. LEBEN erscheint als ICH und das ICH erkannte: ICH BIN. Es nahm Gestalt an und sah: ICH BIN ALLES. ICH BIN das Ganze und außer mir ist nichts.

ICH ist das Erste, das dem LEBEN entspross. ICH ist das EINE, das Einzige, das ALLES in sich birgt. Und alles, was entstehen kann, ist aus dem EINEN entstanden und bleibt untrennbar Teil des Ganzen. Wie das LEBEN in dem einen ICH erscheint, will das ICH in seiner Ganzheit erscheinen, es will MENSCH werden. Die eigene Ganzheit soll materielle Existenz gewinnen. Das ICH erschafft sich selbst. Die MENSCH-Werdung ist kein Prozess sich widerstreitender Kräfte. Das ICH steht in der einen, unversiegbaren Kraft des LEBENS. ICH ist der Wille, MENSCH zu werden.

B3   Das Werden

Die Erschaffung des Menschen ist kein Schöpfungsakt, eher ein Prozess, vom ICH gewollt und gesteuert. Ziel ist, die eigene Vollkommenheit in einer materiellen Existenz darzustellen. Die Kraft, die den Prozess in Gang hält, ist die permanent wirkende Gabe des LEBENS, ist der Strom der Liebe, der „am Leben" erhält.

Das ICH schöpft aus sich selbst, aus der eigenen Ganzheit, und alles, was erscheint, birgt in sich auch das Ganze. Über ewige Zeiträume hinweg baut das ICH am Bild seiner selbst und fügt Informationen zu immer neuen Erscheinungen zusammen. Eigenschaften, Fähigkeiten, Substanzen, ganze Bauteile, komplexe Wesenheiten und „Seelen" werden der Erscheinung einverleibt, aber auch abgestoßen, wenn die Aufgabe erfüllt wurde oder nicht erfüllt werden konnte. Das ICH hat das Ziel aufgrund der eigenen Vollkommenheit fest im Auge und steuert den Prozess durch stetigen Wandel (Abbildung 3, S. 32).

Die Vielfalt der Erscheinungen lässt auf die Vielfältigkeit der im Ganzen geborgenen Inhalte schließen. Da die Vielheit aus dem Einen, dem Ganzen, kommt, können Gegensätze nicht entstehen. Es gibt keine außenstehenden Antikräfte, die in den Werdeprozess des einen ICH einwirken. Es gibt nichts außerhalb der Schöpfungssubstanzen, des ICH BIN ALLES. Das ICH schöpft aus sich selbst.

Der Werdeprozess jedoch ist ein Vor und Zurück, ein Auf und Ab, Versuch und Irrtum. Fehlleistungen sind keine Anti-Schöpfung, begründen keine Dualität. Fehler bleiben im Willen, das Ziel zu erreichen, und sind kein Anzeichen vom Wirken eines Gegenwillens. Sie bleiben im Willen des einen ICH. Das ICH will werden und spielt mit den eigenen Fähigkeiten und Substanzen, die im Ganzen enthalten sind. Es kann nicht gegen sich selbst wirken. Es kann das eigene Werk, die Existenz, nicht eigenen Versehens wegen bestrafen. Das würde der Distanz bedürfen, der Trennung zwischen Schöpfer und Werk. Beide sind aber eins. Der Mensch als Existenz ist immer auch das ICH des Anfangs, der immerwährende Schöpfer, im Zustand der Vollkommenheit.

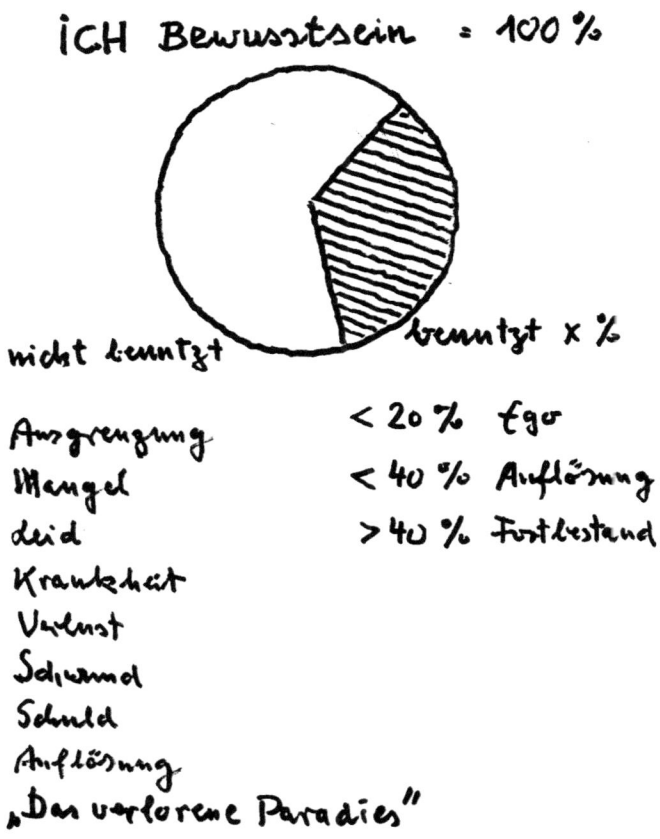

Abb. 5:

Das verlorene Paradies

Das ICH bietet immer 100% Bewusstsein des Ganzen. Benutzt die Existenz weniger als 20%, handelt das kleine „ich", das Ego. Unter 40% Bewusstsein wird sich der Werdeprozess auflösen, über 40% wird das ICH in weiteren Wandlungen versuchen, das Ziel zu erreichen. Der nicht benutzte Anteil führt zu vielfältigen Mangelerscheinungen.

C1   Die Verfehlung

Vom LEBEN geboren, tritt das ICH in das SEIN. ICH ist Anfang, das EINE, es ist ALLES und vollkommen und vom LEBEN ermächtigt, sich selbst in Erscheinung zu bringen und Zeugnis zu geben für die Macht der Liebe und des LEBENS.

Die Erschaffung seiner selbst ist ein schrittweises Vorgehen, ein vorsichtiges Abtasten des Weges zum Ziel, ein kritisches Vergleichen des Erreichten mit dem Gewollten. Dem schaffenden ICH steht das Material der eigenen Vollkommenheit zur Verfügung. Die aus immer neuen Komponenten der eigenen Substanz gefügten Erscheinungen werden in materiellen Existenzen erprobt. So ist das Werden des Ebenbildes über die Zeiten hinweg ein Prozess behutsamen Voranschreitens und des steten Wandels von geistigen Erscheinungen in materielle Existenzen.

Das ICH einer jeden Existenz ist immer auch das eine ICH des Anfangs. Alle ICHs sind aus dem Anfang gewachsen und bleiben im vollkommenen Zustand des Anfangs. Das ICH ist immer der Macher. Vom LEBEN getrieben, schöpft es aus der eigenen Substanz und baut unentwegt am Bild von sich selbst. Das Produkt ist die Existenz, die bis zur Erreichung des Zieles der Ebenbildlichkeit im Zustand der Unvollkommenheit verbleibt. Die Erprobung in materiellen Existenzen lässt den Fehlbedarf erkennen.

Im Vergleich des gegenwärtigen Zustandes mit der eigenen Vollkommenheit erscheint die noch zu erfüllende Arbeit. Da gilt es, Informationen zu ergänzen oder gar zu ersetzen (z. B. Quanten, DNS u. a.). Da müssen ganze Komponenten ausgetauscht werden (z. B. Bilder, Verhaltensmuster). Es sind Fähigkeiten zu verbessern und Vermögen zu bereichern (z. B. Denkfähigkeit), das Bewusstsein (Wissen) muss erweitert werden. Schwingungsfrequenzen und energetisches Gefüge sind auf kosmische Bedingungen abzustimmen und im

Fortschritt des Werdens zu erhöhen. Die noch mangelnde Vollkommenheit des Produktes führt zu Fehlverhalten der existentiellen Erscheinung. Der Mensch macht Fehler. Das ICH aber steht in der Verpflichtung, in der „Schuld", das Werk zu vollenden. Die Existenz lebt in „Unschuld".

Mit zunehmender Denk- und Erkenntnisfähigkeit aber kann die menschliche Existenz die Diskrepanz zwischen der eingeborenen Vollkommenheit und dem eigenen Fehlverhalten wahrnehmen. Sie kann sich zum Komplizen des ICH machen und versuchen, fehlerhaftes Verhalten zu vermeiden, ohne Schuldgefühle, ohne Schuldzuweisungen an andere, ohne Last und Minderwerte. Die Mangelhaftigkeit im Werdeprozess übernimmt das schöpfende ICH, getragen vom LEBEN und der Liebe des Anfangs.

C2 Die Verpflichtung

Das LEBEN LEBEN war, als noch nichts war. Alles, was ist, kommt aus dem LEBEN und trägt das LEBEN in die Welt. LEBEN ist die Kraft, die zum Schöpfen bewegt, ist die Gabe, die Geschöpfe lebendig und der Liebe fähig macht. LEBEN, ein ewiges Gesetz, hat das EINE, das ICH, geboren, damit es lebe, erblühe und Früchte trage, in Vielheit erscheine und den Raum mit LEBEN fülle (Abbildung 1, S. 15).

Das ICH Alle ICHs dieser Welt sind der Samen des EINEN, der da sagte „ICH BIN". Alle ICHs sind das eine ICH des Anfangs und bergen das Ganze in sich. Mit der Kraft des LEBENS will jedes ICH ein Geschöpf erschaffen und in das Bewusstsein dessen führen, was bereits vorhanden. Alle menschlichen Geschöpfe, auf welchen Sternen sie auch wohnen mögen, werden von einem

ICH durch die Existenzen getragen, mit dem Ziel, das Ganze in Erscheinung zu bringen. Da ist kein Unterschied zwischen Rassen, Kulturen oder Religionen - unabhängig vom Entwicklungsstand der einzelnen Existenz.

Der Weg Das ICH führt die menschliche Existenz auf dem Weg, sich selbst erkennend, in das Bewusstsein des ICH BIN ALLES. Zu allen Zeiten schon hat das ICH Existenzen aus dem naturhaften Zustand eines Paradieses in das Bewusstsein des Ganzen geleitet. Schon in den Anfängen der Menschheit haben sich Adam und Eva, von der Weisheit erweckt, dem Ganzen zugewandt und erkannt, wer sie sind: freie, denkende Geschöpfe, die fähig waren, ihr eigenes Werden und ihre Verantwortung mitzutragen. Mit jeder Existenz will das ICH nur das eine erreichen, dass sie zur Ganzheit reife und im Bewusstsein ihrer Vollkommenheit lebe, d. h. auch, dass sie wieder zur Einheit des Anfangs zurückkehre. Wie auch die Unterschiede sein mögen, alle sind Söhne und Töchter des anfänglichen ICH, alle sind Brüder und Schwestern in Vollkommenheit. Von der Liebe und vom LEBEN geboren, sind alle auf dem Weg zurück in die Einheit des Ganzen (Abbildung 3, S. 32).

Die Teilhabe Alle, die auf den Weg geschickt, haben Teil an der ersten und größten Gabe, am LEBEN. Diese Gabe ist der einzige und höchste Wert, der alle anderen Werte in dieser Welt begründet und in sich verwahrt. Mit der Kraft des LEBENS erbaut das ICH sein Bild und führt es in Gestalt von irdischen Existenzen durch das Werden. Seit Jahrmilliarden fügt das ICH Stein an Stein, Information an Information bis zur physischen Existenz und zur Bewusstheit ihrer selbst. Der Mensch ist Objekt und Subjekt zugleich, Akteur und Zuschauer seines Werdens. Seit dem „Biss in den Apfel" hat die Existenz die Fähigkeit erreicht, zu erkennen. Sie kann sich als Objekt eines gewaltigen Schöpfungsprozesses wahrnehmen, in dem sich der Hauch des LEBENS in menschliche Gestalt verwandelt, aber auch als Subjekt erfahren, als ICH, das den Traum des LEBENS bestrebt ist zu erfüllen. Dem ICH sind alle Mittel anhand gegeben. Die erworbene Freiheit des Denkens ermöglicht, am Prozess teilzunehmen. Denken ist der Dank an das LEBEN. Die Denkfähigkeit allein verspricht Erfüllung. LEBEN ist ein Weg mit dem Ziel der Bewusstheit vom Ganzen.

Die Verpflichtung

Der Weg ist aber keine Einbahnstraße. Das Dargebotene erwartet Beachtung. Das Herabgestiegene erwartet das Aufsteigende. Der Gebende erwartet Annahme, ansonsten verdorren die Gaben. Dem in Vielheit Gewordenen erwächst die Sehnsucht nach Einheit. Der Weg führt zurück, der Weg ist Kreislauf. Die Gabe des LEBENS verpflichtet, den Kreislauf zu schließen. Ein verbales „Dankeschön" entlastet den Beschenkten nicht. Die „Schuld" ist das anwachsende Soll, die Verpflichtung, dem LEBEN zu geben, was das LEBEN gab. Die Macht des LEBENS gebar ein vollkommenes ICH in die Welt, damit es viele ICHs erschaffe, die sich im Besitz der Vollkommenheit erkennen. Mit fortschreitender Reife erwirbt das Geschöpf die Fähigkeit, zu erkennen, und die Verpflichtung, sich am Werk zu beteiligen. Der „Fall aus der Unschuld", ist auch der „Fall" in die Verpflichtung, das Werden im gemeinsamen Bemühen von ICH und Existenz zu erfüllen.

C3 Die Erfüllung

Die Stunde der Erkenntnis ist nicht nur die große Wende im Dasein eines einzelnen Menschen. Alle Menschen stehen heute an der Schwelle zu einer neuen Zeit. Der Strom des LEBENS, wer oder was das auch immer sein mag, trägt das ICH aus dem Anfang der Zeit durch viele Existenzen hindurch in die Vollendung - der letzten Phase der Menschwerdung zum Ebenbild des EINEN.

Die Mächtigen aber haben die „Sünde" erfunden und die Werdenden ihrer Unvollkommenheit geziehen. Die Sündenhaftigkeit wurde zu einer Erblast, die eine Vollkommenheit ausschließt, die irdische Existenz wurde zum Dasein im Schweiße des Angesichts. Vielerlei „Sünden" wurden zur lastenden Schuld, die nach Buße und Sühne verlangt. Dem Wertgefühl des Menschen war die Möglichkeit einer zugesagten Gottebenbildlichkeit verwehrt.

Den Menschen als Ebenbild zu erschaffen, hat sich das ICH des Anfangs vorgenommen. Über Jahrtausende hinweg arbeitet das ICH an der Erfüllung dieser Absicht und erscheint in geistigen, materiellen und organischen Ebenen bis hin zu irdischen Existenzen. Das ICH ist der Macher, kennt das Ziel und trägt die Verantwortung. Der Mangel an Vollkommenheit ist das vom ICH zu erfüllende Soll. Die Existenzen mögen noch im Zustand der „Unschuld" sein, das ICH jedoch steuert im Bewusstsein des Ganzen.

Mit der fortschreitenden Ebenbildlichkeit erwachsen der Existenz zunehmende Freiheitsgrade. Die Existenz hat die Wahl, dem Willen des EINEN zu folgen oder Eigenwille zu entwickeln. Die Existenz kann sich verweigern oder gar gegen den Willen verstoßen. Noch aber ist die Existenz nicht in der Pflicht. Noch ist das ICH bereit, die „Schulden" zu tragen, das noch zu erfüllende Soll dem eigenen Werden zuzuschreiben.

Die Existenz hat keine „Strafe" zu erwarten. Folge ist lediglich ein mangelndes Bewusstsein von der eigenen Ganzheit.

Im Verlauf des Werdens erlaubt die Weisheit der Existenz zu erkennen, wer sie ist. Der „Biss" in das Ganze ist die Schwelle, an der die Existenz ihrer selbst bewusst wird. Von der Stunde der Erkenntnis an trägt die Existenz die Mitverantwortung. Das bisher unerkannt arbeitende ICH, im naturhaften Zustand verborgen, tritt in das Bewusstsein als Schöpfer seiner selbst. Der Fall in die „Sünde", der Absonderung, ist der Fall in die Verpflichtung. Die Existenz, im Bewusstsein ihrer gewollten Vollkommenheit, trägt Verantwortung für ihr weiteres Werden. Das ICH des Anfangs und die erwachte Existenz arbeiten nun gemeinsam an der Vollendung des Werkes. Die erweiterte Denkfähigkeit der Werdenden erlaubt es, sich in das Bewusstsein des Ganzen zu denken.

Der Gabe des Lebens antwortet die Existenz mit der Annahme ihrer Gott-Ebenbildlichkeit. Der Hingabe der Existenz antwortet das ICH mit der Eins-Werdung. Das auf den Weg geschickte ICH kehrt zurück an seinen Ursprung. Das Geschöpf wird zum Schöpfer. Der Mensch wird zum Gott. Das Werden wird zum Soll, der Pflicht, ein Weltgesetz zu erfüllen.

Wer diese Vollendung des Werkes schuldig bleibt, wird nicht bestraft, hat keine Buße oder Sühne zu leisten. Der erwartete Bewusstseinszustand wird nicht erreicht (Abbildung 4, S. 20). Das Soll wird nicht erfüllt. Das LEBEN versiegt. Der Prozess ist zu Ende. Die Blüte, die zur Frucht nicht reifen wollte, verwelkt. Der Same, der nicht erwachen wollte, verdorrt.

Vielleicht werden wir irgendwann nur
noch Worte sein,
aus Worten bestehen,
mit Worten uns verbinden,
uns in Worte betten;
schöne, angenehme Worte, bergende
Worte, Räume.

Katrin Bibiella

Epilog

Leid und Schuld wird es nicht mehr geben. Die Begriffe werden erlöschen im Prozess des Werdens, des Einzelnen wie auch der Menschheit. Sie werden sich auflösen als Phantome einer falschen dualistisch geprägten Wahrnehmung. Leid und Schuld werden erkannt werden als Fiktionen eines noch mangelnden Denkvermögens und als Dämonen entlarvt, die irdischer Machtausübung dienen.

Im gleichen Maße wird LEBEN verstanden werden als die unergründliche Macht, aus unerforschbaren Anfängen kommend, die alles hervorbrachte, was es gibt. Dem Menschen wird die Fähigkeit erwachsen, LEBEN zu erkennen als den Strom des liebenden Gebens, der seit Urzeiten alle Sphären und Daseins-Ebenen durchfließt, als den ewigen Prozess des Werdens, der sich in Kreisen an den Anfang bindet, der nichts anderes will als gelebt und angenommen zu werden.

Im LEBEN, dem Strom der Liebe, ertrinken alle Dualitäten, alle Unterschiede zwischen Rassen und Weltsichten, zwischen Mann und Frau, alle Phänomene von Leid und lastender Schuld. Der Mensch im Werden wird erkennen, wird verstehen, wird staunen und erfahren, was Liebe ist.

Dank ist kein gesagtes Wort.

Dank ist bewusste Existenz.

Dank ist Dasein im LEBEN.

Dank ist Denken des Ganzen.

HJL

Biographisches

Hans-Joachim Lenz, Dr.-Ing.

1926	geboren in Mainz
1943	Not-Abitur
1943–1945	Militärzeit
1946	Abitur
1947–1951	TH Darmstadt, Architektur, Dipl.-Ing.
1952–1990	selbständiger Architekt
1979	Promotion
	Universität Kaiserslautern Dr.-Ing.
seit 1989	Lehrer in Weisheitslehren
	(Buddhismus, Hinduismus, Mystik
	Kabbalah, Meditation)
1992–2004	Leitung eines Vereins zur Organisation
	von Vorträgen und Seminaren mit dem
	Ziel, Weltsichten und Wissenschaft zu
	verbinden
2002	Gründung der gleichnamigen Stiftung
	zur Erneuerung geistiger Werte

Ausführlicher Lebenslauf siehe www.lenz-stiftung-mainz.de und Band 9 der Edition »Heilung oder Heiligung«, ISBN 3-938088-06-0

In der EDITION ERNEUERUNG GEISTIGER WERTE der Dr.-Ing.-Hans-Joachim-Lenz-Stiftung sind Forschungen und Beiträge zum Thema Bildung, Erziehungund Sprache publiziert:

Band 1 - Die heilige Stadt
Eine Vision am Beispiel der Stadt Mainz
von Hans-Joachim Lenz
56 Seiten, broschiert, € 8,80, ISBN 3-938088-00-1

Band 2 - Am Anfang waren die Werte
Plädoyer für eine Neuorientierung in der
Erziehung von Kindern und Jugendlichen
von Gabriela Wolf
132 Seiten, broschiert, € 13,80, ISBN 3-938088-01-X

Band 3 - Leben ist Spiel
Eine Ferienwoche als Lebensschule
von Gabriela Wolf mit Christine Bredenhöller, Andrea
Heck, Angelika Humann, Margit Kluge, Reinhild Michel,
Sonja Wagener, Heidi Wiehr, reich bebildert.
192 Seiten, broschiert, € 25,00, ISBN 3-938088-02-8

Band 5 - Freunde fürs Leben
Die Körperwelt im Spiel erkunden
Hrsg. Andreas Krause mit G. Wolf, A. Heck, A. Humann
180 Seiten, broschiert, € 15,80, ISBN 3-938088-05-2

Band 6 - Reise an den Anfang
Was Martin erlebte
von Martin und Margit Kluge, reichhaltig illustriert
bearbeitet von Gabriela Wolf
66 Seiten, broschiert, € 12,80 ISBN 3-938088-04-4

Band 7 - Das vergessene Wort
Vom Reichtum der deutschen Sprache
in Darmstadt, Weinheim und Oppenheim
von Katrin Bibiella
292 Seiten, broschiert, € 24,80 ISBN 10-3-938088-07-9

Band 8 - Worte des Ewigen
Erinnerungen an das Sein, 48 Epigramme
104 Seiten, broschiert, € 9,80, ISBN 3-938088-03-6

Band 9 - Heilung oder Heiligung?
Ein Menschenbild im Lichte der Quantenphysik
von Hans-Joachim Lenz
77 Seiten, broschiert, € 7,80, ISBN 3-938088-06-0

Band 10 - Ehrfurcht vor dem Leben
Albert Schweitzer zur Erneuerung der Kultur
von Claudia Burghart
140 Seiten, broschiert, € 12,80, ISBN 3-938088-12-5

Band 11A - Jugend lehrt Jugend
Ein pädagogisches Modellprojekt in Bad Kreuznach, Teil I
von Sonja Wagener
102 Seiten, broschiert, € 8,80, ISBN 3-938088-11-7

Band 11A - Jugend lehrt Jugend
Ein pädagogisches Modellprojekt in Bad Kreuznach, Teil II
von Sonja Wagener
114 Seiten, broschiert, € 8,80, ISBN 3-938088-13-3

Band 11B - Jugend lehrt Jugend
Ein pädagogisches Modellprojekt in Overath, Teil I
von Petra Ehrler
106 Seiten broschiert, € 9,20, ISBN 3-938088-10-9

Band 11B - Jugend lehrt Jugend
Ein pädagogisches Modellprojekt in Overath, Teil II
von Petra Ehrler
168 Seiten broschiert, € 9,20, ISBN 978-3-938088-14-2

Band 12 - Das vergessene Wort II
Vom Reichtum der deutschen Sprache
in Heidelberg und Weimar
von Katrin Bibiella
166 Seiten broschiert, € 14,20, ISBN 3-938088-08-7

Band 13 - De Dignitate Hominis
Zum Menschenbild in der Geschichte der Pädagogik
von Gabriela Wolf
158 Seiten broschiert, € 13,80, ISBN 978-3-938088-09-8

Band 14 - Handeln als gelebter Wert
Aus Hannah Arendts Leben und Werk
von Patricia Rehm
146 Seiten broschiert, € 12,80, ISBN 978-3-938088-15-9

Band 15 - KulturForum Wissen 2007
„Wir sind auf dem Weg."
Ein Menschenbild zwischen Geist und Materie
von Hans-Joachim Lenz
52 Seiten, broschiert, € 5,80, ISBN 978-3-938088-16-6

Band 16 - Das vergessene Wort III
Vom Reichtum der deutschen Sprache
in Aschaffenburg
von Katrin Bibiella
103 Seiten. broschiert, € 9,20, ISBN 978-3-938088-17-3

Band 17 - Preis zur Erneuerung geistiger Werte 2007
Sonderpreis: Von der Freiheit des Menschen
von Elena Fischer
112 Seiten, broschiert, € 9,80, ISBN-13 978-3-938088-18-0

Band 18 - Das Tagebuch
Ein Medium zur Selbstreflexion
von Sabine Gruber
122 Seiten, broschiert, € 10,80, ISBN-13 978-3-938088-19-7

Band 19 - Leben ist Spiel II
Eine Ferienwoche als Lebensschule in Overath
von Petra Ehrler u. a., reich bebildert
158 Seiten, broschiert, € 14,90, ISBN-13 978-3-938088-21-0

Band 20 - KulturForum Wissen 2008
Vergessene Werte – Von den Wurzeln der Kultur
240 Seiten, broschiert, € 22,90, ISBN-13 978-3-938088-22-7

*Weitere Projekte zu Bildung, Erziehung und Sprache
siehe www.lenz-stiftung-mainz.de*